NOTICE

DE BONS LIVRES

PROVENANT

Chateaubriand

DE LA BIBLIOTHÈQUE DE M. DE CH***

Dont la Vente se fera le lundi 28 avril 1817 et jours suivans, 6 heures de relevée, rue des Bons-Enfans, n° 30, Salle du rez-de-chaussée.

Se distribue à Paris,

hez MM. { MERLIN, Libraire, quai des Augustins, n° 7; DENAILLY, Commissaire-Priseur, cloître Saint-Méry, n° 18.

1817.

Le Libraire chargé de la vente recevra les Commissions qui lui seront adressées.

NOTICE

DE BONS LIVRES

Provenant de la Bibliothèque de M. de Ch***.

THÉOLOGIE.

1. Dictionnaire abrégé de la Bible, par Chompré, revu par Petitot. *Paris*, 1806. in-8. v. rac. fil.
2. Biblia Hebraica, cum punctis. 2 vol p. in-8. rel. en cart.
3. Biblia Sacra, vulgatæ editionis, ad institutionem Delphini. *Parisiis*, 1785. 2 vol. gr. in-4. pap. vél. br. en cart.
4. La Bible, en lat. et en franç., de la trad. de Lemaistre de Sacy; et Livres apocryphes de l'Ancien et du Nouveau Testament, de la traduct. du même. *Paris*, 1742. 23 vol. in-12. v. br.
5. Sainte Bible, contenant l'Ancien et le Nouveau Testament, avec un Comment. littéral, par de Carrière. *Paris*, 1750. 6 vol. in-4. v. br.
6. Sainte Bible, trad. en franç. sur la Vulgate, (par Legros.) *Cologne*, 1739. in-12. v. br.

6 *bis*. La Sainte Bible, en latin et en franç., de la traduct. des Docteurs catholiques de Louvain. *Rouen*, 1646. in-fol. fig. v. f. fil. tr. d.

7. La Bible qui est toute la Sainte Escriture. *Genève*, 1564. in-8. bas. j.
8. Le Pseautier en français, trad. avec des notes, par Laharpe. *Paris*, 1811. in-12. pap. vél. v. rac. fil. tr. dor.
9. Le même. *Paris*, 1804. in-8. d. rel.
10. Le Psalmiste, précédé d'un Discours sur la Poésie sacrée, par M. Raimond de Boisgelin, archevêque d'Aix. *Londres*, 1799. in-8. d. rel. — Sens prophétique de l'*Exurgat Deus*, ou le Pseaume 67 suivant la Vulgate, présentant l'Histoire de l'Eglise de J.-C., par l'ab. Caperan. *Londres*, 1800. in-8. br.
11. Traduction des Nouvelles Prophéties d'Isaïe, par Genoude. *Paris*, 1815. in-8. br.
12. Compendium Moralis evangelicæ, sive Considerationes Christianæ super textum IV Evangelistarum. *Lovanii*, 8 vol. in-12. v. br.
13. Concordantiæ Bibliorum hebraico et græco-germanicæ, operâ Frid. Lanckiscii. *Francof.*, 1680. in-4. d. rel.

14. Concordantiæ Veteris Testamenti græcæ, Ebræis vocibus respondentes, Conr. Kirchero autore. *Francof.*, 1607. 2 vol. in-12. v. f.
15. The Life and Character of Jesus Christ delineated by Edw. Harwood. *London*, 1772. in-8. v. j.
16. Livre d'Eglise, lat.-franç., à l'usage des Laïques. *Paris*, 1777. 5 vol. in-12. mar. r. fil. tr. d., doublé de tabis., (relûre fatiguée).
17. Bibliothèque portative des Pères de l'Eglise, par Tricalet. *Paris*, 1777. 8 vol. in-8. v. m.
18. Œuvres de St. Clément d'Alexandrie, trad. du grec, (par Fontaine.) *Paris*, 1696. in-8. v. br.
19. Tertulliani Opera, cum notis Rigaltii. *Parisiis*, 1664. in-fol. v. m.
20. Traités de Tertullien sur l'Ornement des Femmes, les Spectacles, etc., trad. en franç. par Caubert. *Paris*, 1733. in-12. v. m. — Traité, du même, des Prescriptions contre les Hérétiques, trad. en franç. *Paris*, 1729. in-12. v. br. — Apologétique et Prescriptions de Tertullien, trad. avec des remarq. par l'ab. de Gourcy. *Paris*, 1780. in-12. bas. m.
21. Lactantii Opera, cum notis Var. *Parisiis*, 1660. in-8. v. br.
22. De la Mort des Persécuteurs de l'Eglise, trad. de Lactance par Godescard. *Paris*, 1797. in-8. d. rel.
23. Eusebii Pamphyli præparatio et demonstratio Evangelicæ. *Coloniæ*, 1687. 2 vol. in-fol. v. br.
24. Ascétiques, Sermons et Lettres de St. Basile le Grand, et Sermons de St. Grégoire de Naziance, trad. du grec. 5 vol. in-8. v. br.
25. Lettres de St. Jérosme, trad. en fr. par D. Roussel. *Paris*, 1704. 3 vol. in-8. v. br.
26. Vingt-cinq vol. in-8 et in-12., de Traductions des Lettres, Homélies, Sermons, Panégyriques, etc., de St. Jean Chrysostôme.
27. Cassiodori opera omnia, edente J. Garetio. *Rotomagi*, 1779. 2 tom. en 1 vol. in-fol. v. br.
28. Morales de St. Grégoire Pape sur le Livre de Job, trad. en franç. *Paris*, 1692. 4 vol. in-8. br.
29. Abœlardi et Heloïsæ opera. *Parisiis*, 1619. in-4. vél.
30. Huetii demonstratio Evangelica. *Parisiis*, 1679. in-fol. v. br.
31. Anciens Apologistes de la Religion chrétienne, trad. ou analysés, par l'ab. de Gourcy. *Paris*, 1786. 2 vol. in-8. d. rel.
32. Existence de Dieu démontrée par les merveilles de la Nature, par Nieuwentit. *Paris*, 1725. in-4. v. m. — Traité de l'Existence de Dieu démontrée par les merveilles de la Nature, p de Fénélon, avec notes par Aimé Martin. *Paris*, 181 in-8. br.
33. Religion Chrétienne méditée, (par le P. Jard.) *Paris*, 174 6 vol. in-12. mar. r. tr. dor.

34. Evangile médité, (par Duquesne.) *Metz*, 1801. 8 vol. in-12. cart. à la Bradel.

35. Essai de Théodicée, trad. de Leibnitz par de Jaucourt. *Amst.*, 1747. 2 vol. in-12. d. rel.

36. Pensées de Nicole, publiées par M. de Mersan. *Paris*, 1806. in-12. pap. vél. v. f. fil. tr. d.

37. Avent, Carême, Petit Carême, Paraphrase sur les Pseaumes, Conférences et Discours synodaux, Panégyriques et Oraisons funèbres, par Massillon. *Paris*, 1780. 13 vol. in-12. bas.

38. Sermons by Hugh Blair. *London*, 1786. 2 vol. in-8. d. rel. non rog.

39. A Practical View of the prevailing religious system of professed Christians, contrasted with real Christianity, by W. Wilberforce. *London*, 1811. in-8. pap. vél. v. rac. R. A.

40. Le Ministère de l'Homme-Esprit, (par S. Martin.) *Paris*, 1802. in-8. d. rel.

41. Wagenseilii tela Ignea Satanæ. *Altdorfi Noricorum*, 1681. 2 vol. p. in-4. v. br.

42. Histoire de la Législation, par M. Pastoret. *Paris*, I. R. 1817. 4 vol. in-8. br.

43. Les Cinquante Livres du Digeste et les Institutes de Justinien, trad. en franç. par Hulot. *Metz*, 1803 et 1806. 8 vol. in-4. br.

44. Origine et Progrès de la Législation française, par M. Bernardi. *Paris*, 1816. in-8. br.

45. Causes amusantes et connues. *Berlin*, 1769 et 1770. 2 vol. in-12. v. m.

46. Plaidoyers et Mémoires de M. de Lally-Tolendal pour la réhabilitation de son père. *Rouen et Paris*, 1780 et 1781. 2 vol. in-4. v. br. fil.

SCIENCES ET ARTS.

47. Encyclopédie, ou Dictionnaire raisonné des Sciences, des Arts et Métiers, mis en ordre et publié par Diderot et d'Alembert. *Lausanne*, 1780. 36 vol. in-8. de discours, et 3 vol. de pl., d. rel.

47 *bis*. Stanleii Historia Philosophiæ. *Lipsiæ*, 1711. 2 vol. in-4. v. br.

48. Bibliothèque des Anciens Philosophes, trad. par Dacier et Grou. *Paris* et *Hollande*, 1771 et 1760. 11 vol. in-12. v. m. — Manuel d'Epictète et les Commentaires de Simplicius, trad. en fr. avec des remarques, par Dacier. *Paris*, 1776. 2 vol. in-12. v. m.

49. Platonis Opera, gr. et lat. *Lugduni*, 1590. in-fol. vél.

50. Platonis Opera, latinè, ex Marsilii Ficini versione. (*Genevæ*), 1592. 2 tom. en 6 vol. in-18. mar. r., tr. d. — Ejusd. Platonis Gemmæ. *Parisiis*, 1554. in-18. reglé, v. f.

51. République de Platon, trad. en fr. *Dresde*, 1787. 2 vol. in-12. br. en cart.
52. Aristotelis Opera, gr. et lat., edente Duval. *Parisiis*, *T. R.* 1619. 2 vol. in-fol. v. br.
53. Caractères de Théophraste, trad. du grec, par Belin de Ballu. *Paris*, 1790. in-8. br. en cart.
54. OEuvres de Sénèque, trad. en franç. par Lagrange. *Paris*, 1791. 7 vol. in-12. d. rel.
55. Essais de Montaigne, avec notes de Coste. *Londres*, 1771. 10 vol. p. in-12. v. m.
56. Passions de l'ame, par Descartes. *Amst. Elzev.* 1650. p. in-12. vél.
57. Analyse raisonnée de Bayle (par de Marsy). *Londres*, 1755-1770. 8 vol. in-12. v. m.
58. OEuvres philosophiques de Freret. *Londres*, 1776. in-8. v. m. fil.
59. Etudes de la nature, par B. de Saint-Pierre. *Paris*, 1784. in-12. d. rel. fig. (tom. 1 à 4). —Vœux d'un solitaire, par le même. *Paris*, 1789. in-12. d. rel.
60. OEuvres philosophiques de Saint-Lambert. *Paris*, an 9. 5 vol. in-8. v. éc. fil. tr. dor.
61. Le Comte de Valmont, ou les Égaremens de la raison. *Paris*, 1801. 6 vol. in-12. d. rel.
62. Nouvel Émile. *Besançon*, 1814. 4 vol. in-12. br.
63. The Spectator, by Adisson. *London*. 8 vol. in-12. bas. m.
64. Essai philosophique concernant l'entendement humain, trad. de l'angl. de Locke, par Coste. *Paris*, an 7. 4 vol. in-12. bas. m.
65. De Condillac. Traité des Systèmes, Traité des Animaux, et Traité des Sensations. 4 vol. in-12. bas. et d. rel.
66. Politique d'Aristote, trad. du grec en fr. par Champagne. *Paris*, 1797. 2 vol. in-8. bas. m.
67. An inquiry into the principles of Political economy by J. Steuart. *Paris*, 1796. 5 vol. in-8. d. rel. (le tome 3 m.).
68. Exposé comparatif de l'état de la France et des principales puissances de l'Europe, par M. Bignon. *Paris*, 1814. in-8. br.
69. Coup d'œil sur la force de la Grande-Bretagne, par Clarke, trad. de l'angl. par Marchena. *Paris*, 1802. in-8. d. rel.
70. Divorce considéré au XIXe siècle relativement à l'état domestique et à l'état public de société, par M. de Bonald. *Paris*, 1801. in-8. d. rel.
71. An abstract of the evidence delivered before a select committee of the house of commons in the years 1790 and 1791, on the part of the petitioners for the abolition of the Slave-trade. *London*, 1791. in-8. pap. vél. br. en cart. = A letter on the abolition of the slave trade, by Wilberforce. *London*, 1807. in-8. v. m. R. A. — The Debate on a motion for the abolition of the slavetrade, in the house of commons. 1792. in-8. br. — Substance of the debates on the bill for abolishing the slave-

trade, with was brought into the year 1807. *London*, 1808. in-8. pap. vél. br.

72. Physique réduite en tableaux raisonnés, par Barruel. *Paris*, an 8. gr. in-4. br. en cart.

73. Lettres d'Euler à une Princesse d'Allemagne. *Paris*, 1787. 3 vol. p. in-8. bas. éc. fil.

74. Leçons de la nature (par L. Despréaux). *Paris*, 1801. 4 vol. in-12 d. rel.

75. L'art de procréer les sexes à volonté, par Millot. *Paris*, 1802. in-8. fig. d. rel.

76. Melancholy as it proceeds from the disposition and habit, the love, and the influence of religion, drawn from the Burton's anatomy of melancholy. *London*, 1801. in-12. d. rel.

77. Dictionnaire d'histoire naturelle, par Valmont de Bomare. *Paris*, 1775. 9 vol. in-8. v. m.

78 Histoire naturelle de Pline, trad. en fr. avec le texte latin, par Poinsinet de Sivry et autres. *Paris*, 1772. 12 vol. in-4. v. éc. fil.

79. Œuvres complètes de Buffon, quadrupèdes, oiseaux et minéraux. *Paris*, 1774 et suiv. 51 vol. in-12. fig. v. m. (*Le tome 5 des minéraux manque.*).

80. Histoire des animaux d'Aristote en grec, avec la trad. fr. par Camus. *Paris*, 1783. 2 vol. in-4. bas. rac.

81. Traduction d'Ouvrages anciens relatifs à l'agriculture (Caton et Varron), par Saboureux de la Bonneterie. *Paris*, 1771. 2 vol. in-8. br.

82. Observations de plusieurs singularitéz et choses mémorables trouvées en Grèce, Asie, Judée, etc., par P. Belon. *Paris*, 1555. p. in-4. fig. vél.

83. Les cinq premiers cahiers du Journal Polytechnique, et la théorie des fonctions analytiques de la Grange. *Paris*, an 5. 2 vol. in-4. bas. m.

84. Histoire de l'Astronomie ancienne, moderne et indienne, par Bailly. *Paris*, 1787. 5 vol. in-4. d. rel.

85. Mémoires militaires sur les Grecs et les Romains, par Guischardt. *La Haye*, 1756. 2 vol. in-4. fig. br. en cart.

86. Architecture, ou art de bien bâtir, de M. Vitruve Pollion mis de latin en françoys par Jan Martin. *Paris, Hier. de Marnef.* 1572. in-fol. fig. v. m. — Les quatre livres de l'architecture d'André Palladio, mis en franç. *Paris*, 1650. in-fol. fig. v. br.

BELLES-LETTRES.

87. De la Manière d'enseigner et d'étudier les Belles-Lettres, par rapport à l'esprit et au cœur, par Rollin. *Paris*, 1765. 4 vol. in-12. v. m.

88. Manière d'apprendre les Langues (par Radonvilliers). *Paris*, 1768. in-8. v. m.

89. Suidas, ex interpretatione et emendatione Æmilii Porti. *Genevæ*, 1619. 2 vol. in-fol. v. f.

90. Dictionnaire de l'Académie françoise. *Lyon*, 1776. 2 vol. in-4. bas. m.

91. Manuel lexique (par Prevost). *Paris*, 1755. 2 vol. p. in-8. v. m.

92. Synonymes françois, par Girard. *Paris*, 1769. 2 vol. in-12. v. m. — Logique et principes de Grammaire, par Dumarsais. *Paris*, 1769. 2 part. en 1 vol. in-12. v. m.

93. Dict. italien-françois et françois-italien, par Alberti. *Nice*, 1788. 2 vol. in-4. bas. m.

94. Dictionary of the english language, by Johnson. *London*, 1760. 2 vol. in-8. v. j. fil.

95. Cours de Langue angloise, par Luneau de Boisjermain. (Paradis de Milton, trad. interlinéaire). *Paris*, 1784. 2 vol. in-8. bas. j.

96. Rhétorique d'Aristote, trad. en franç. par Cassandre. *Amst.* 1733. in-8. v. m.

97. Quintilien, de l'Institution de l'Orateur, trad. par Gedoyn. *Paris*, 1803. 4 vol. in-12. bas. m.

98. OEuvres de Démosthènes et d'Eschine, trad. en franç., par Auger. *Paris*, 1777. 4 tom. en 5 vol. in-8. v. éc. fil. tr. dor.

99. OEuvres complètes d'Isocrate, trad. en franç. par Auger. *Paris*, 1781. 3 vol. in-8. v. m.

100. OEuvres complètes de Lysias, trad. en franç. par Auger. *Paris*, 1783. in-8. bas. éc. fil.

101. Harangues tirées d'Hérodote, de Thucydide, des Histoires grecques de Xénophon, de la Retraite des Dix-Mille et de sa Cyropédie, trad. par Auger. *Paris*, 1788. 2 vol. in-8. tirés sur pap. vél. in-4. cart. à la Bradel.

102. Les Traductions suivantes de Cicéron : Offices, par Barrett. 1807. 1 vol. — Lois, par Morabin. 1807, 1 vol. — De la Vieillesse et de l'Amitié, par Barrett. 1776. 1 vol. — De la Divination, par Regnier Desmarais. 1710. 1 vol. — Tusculanes, par Bouhier et d'Olivet, 1766, 2 vol. — Nature des Dieux, par d'Olivet. 1773. 2 vol. — Vrais Biens et Vrais Maux, par Regnier, an 3. 1 vol — La République. 1798. 1 vol. — Académiques, par Durand. 1796. 2 vol. — Traité de l'Orateur, par Collin. 1737. 1 vol. — Oraisons, par Villefore. 1732. 8 vol. — Lettres à Atticus, par Mongault. 1787. 4 vol. — Lettres familières et Lettres à Brutus, par Prevost. 1801. 4 vol. — Pensées, par d'Olivet. 1766. 1 vol., en tout 30 vol. in-8. et in-12. rel. et br.

103. Leçons sur la Poésie sacrée des Hébreux, par Lowth, trad. en fr. *Lyon*, 1812. 2 vol. in-8. br.

104. Les Quatre Poétiques d'Aristote, d'Horace, de Vida et de Despréaux, avec les traductions et des remarques, par Batteux. *Paris*, 1771. 2 vol. in-12. v. m.

105. Poétique d'Aristote, trad. en franç., avec des rem., par Dacier. *Amst.* 1733. in-12. v. m. (*non rogné.*)

106. Anthologia græca, cum versione latinâ Hugonis Grotii, edita ab Hieronymo de Bosch. *Ultrajecti*, 1795-1797-1798. in-4. br. (tom. 1 à 3).

107. Odyssée d'Homère, trad. par Me Dacier. *Paris*, 1716. 3 vol. in-12. v. br.

108. L'Iliade et l'Odyssée d'Homère, trad. en franç., avec des remarques, par Bitaubé. *Paris*, 1787. 12 vol. in-18. v. m. fil.

109. L'Iliade et l'Odyssée d'Homère, trad. en fr., avec des remarques, par Bitaubé. *Paris*, 1804. 6 vol. in-8. br.

110. Guerre de Troye, trad. du grec de Quintus de Smyrne, par Tourlet. *Paris*, 1800. 2 vol. in-8. br. — Odes de Pindare, trad. par Gin. *Paris*, 1801. in-8. br.

111. Pindari et cæterorum octo Lyricorum carmina, gr. et lat. è *Typis H. Stephani*, 1566. 2 vol. in-32. v. f.

112. Anacréon, Sapho, Bion, Moschus, etc., trad. en fr. par Moutonnet de Clairfons. *Paris*, 1779. 2 vol. in-12. bas. m.

113. Expédition des Argonautes, trad. du grec d'Apollonius de Rhodes, par M. Caussin. *Paris*, an 5. in-8. bas. rac.

114. Sophoclis, tragœdiæ gr. et lat. ex interpretatione Viti Winsemii. *Heildelbergæ*, 1597. p. in-8. v. m.

115. Euripidis tragœdiæ gr. et lat. *Basileæ*, 1562, in-fol. v. br. (*titulus deet*).

116. Aristophanes, gr. et lat. *Aureliæ allobrog*. 1608. in-fol. v. f.

117. Ex Comœdiis Menandri quæ supersunt. = Ex veterum Comicorum fabulis, quæ integræ non extant sententiæ. *Parisiis*, *Morellius*. 1553. p. in-12. v. f.

118. Théâtre des Grecs, trad. par le P. Brumoy, augmenté par de Rochefort et Laporte du Theil. *Paris*, 1785, 13 vol. in-8. fig. d. rel.

119. Fragmenta poetarum veterum latinorum, quorum opera non extant. *Parisiis*, *H. Stephanus*, 1564. in-8. rel. en peau.

120. Œuvres de Plaute, en lat. et en fr., trad. par Limiers. *Amst.* 1719. 10 vol. in-12. v. m. fig.

121. Essai sur une traduction libre des Comédies de Plaute, par Girauld. *Paris*, 1761. in-8. pap. fort, v. m.

122. Comédies de Térence, trad. en franç., avec le texte et des notes, par Lemonnier. *Paris*, 1771. 3 vol. p. in-8. v. m.

123. Lucrèce, trad. nouvelle, avec notes. *Paris*, 1768. 2 vol. in-12. bas. m.

124. Traduction, en prose, de Catulle, Tibulle et Gallus (par de Pezay). *Paris*, 1771. 2 vol. in-8. v. m. fil. tr. dor.

125. Élégies de Properce, trad. par de Longchamps. *Paris*, 1772. in-8. bas. m.

126. Élégies de Tibulle, trad. nouv. avec le texte, par Mirabeau. *Tours*, an 3. 3 vol. in 8. fig. br.

127. Virgilius argumentis explicationibus notisque illustratus à J. L. Lacerda *Coloniæ Agrippinæ*. 1628. 3 vol. in-fol. v. f.

128. Virgilius Maro. *Londini*, *Dulau*, 1800, 2 vol. gr. in-8. pap. vél. fig. br. en cart.

129. Géorgiques de Virgile, trad. en vers franç. par Delille. *Paris*, 1770. gr. in-8. fig. v. éc. fil.

130. L'Enéide, trad en vers franç. par le même. *Paris*, 1804. 4 vol. gr. in-18. fig. d. rel.

131. La même, trad. par Mollevaut. *Paris*, 1810. 2 vol. in-12. br. — Voyage sur la scène des six derniers livres de l'Enéide, par de Bonstetten. *Genève*, an 13. in-8. d. rel.

132. Poésies d'Horace, trad. en fr. par Sanadon. *Amst.*, 1736. 8 vol. in-12. v. m.

133. OEuvres complètes d'Ovide, trad. en fr. *Paris*, an 7. 7. vol. in-8. d. rel. fig.

134. Métamorphoses d'Ovide, trad. en fr. avec des remarques, par Banier. *Paris*, 1787. 3 vol. in-12. bas. m.

135. Théâtre de Sénèque, trad. avec notes, par Coupé. *Paris*, 1795. 2 vol. in-8. br.

136. Pharsale de Lucain, trad. en vers fr. par Brébeuf, pub. par Billecocq. *Paris*, 1796. 2 vol. in-8. bas. rac. fil.

137. Seconde guerre punique, poëme de Silius Italicus, trad. par Lefevre de Villebrune. *Paris*, 1781. 3 vol. in-12. br.

138. Statii opera. *Venetiis Aldus*. 1502. p. in-8. v. f. dent. (*Titulus deest*)

139. Idem Statius, ex recensione Gronovii. *Mannhemii*, 1782. 2 vol. in-12. v. rac.

140. Thébaïde, Achilleïde et Sylves de Stace, trad. par Cormiliole. *Paris*, 1783 et 1805. 5 vol. in-12. br.

141. Satires de Juvénal, trad. avec notes, texte en regard, par Dussaulx. *Paris*, 1804. 2 v. in-8. v. m.

142. Satires de Perse, trad. en fr. avec des remarques, par Sélis. *Paris*, 1776. p. in-8. v. m

143. Epigrammes de Martial, nouv. traduction (par M. Volland). *Paphos. s. d.* 3 vol. in-8. br.

144. OEuvres complètes de Claudien, trad. en fr. avec le texte, par M. Latour. *Paris*, an 6. 2 vol. in-8. cart. à la Bradel.

145. Poétique françoise, par Marmontel. *Paris*, 1763 2 vol. in-8. v. f. fil. tr. dor.

146. Poésies de Malherbe, avec les remarques de Lefevre de Saint-Marc. *Paris*, 1757. in-8. v. m.

147. Fables de La Fontaine, avec notes de Coste. *Paris*, 1787. 2 vol. in-12. fig. bas.

147 *bis*. La Fontaine et tous les Fabulistes, ou La Fontaine comparé avec ses modèles et ses imitateurs, par M. Guillon. *Paris*, 1803. 2 vol. in-8. br.

148. La Henriade, par Voltaire. *Paris*, 1770. 2 vol. p. in-8. fig. mar. r. fil. tr. dor.

149. Œuvres de Desmahis. *Paris*, 1778. 2 vol. in-12. v. m.

150. Les Saisons, par Saint-Lambert. *Amst.*, 1773. in-8. fig. v. j. fil.

151. Jardins, par Delille. *Reims*, 1782. in-8. v. f. fil. tr. dor.— L'homme des champs, par le même. *Basle*. 1800. in-8. d. rel.

152. Navigation, poëme, par Esménard. *Paris*, 1806. in-8. br.

153. Génie de l'homme, poëme, par Chênedollé. *Paris*, 1807. gr. in-8. pap. vél. br.

154. Charlemagne, ou l'Eglise délivrée, par Lucien Bonaparte. *Londres*, 1814. 2 vol. in-4. pap. vél. br.

155. Élégies et Odes, par Butignot. *Lyon*, 1815. in-8. pap. vél. rel. en pap. mar. r. dent. tr. dor.

156. Théâtre de Pierre Corneille avec commentaires de Voltaire. 1764. 12 vol in-8. fig. mar. r. fil. tr. dor.

157. Œuvres dramatiques de P. et T. Corneille. *Londres.* (*Cazin*). 1783. 5 vol. in-18. v. éc. fil. tr. dor.

158. Œuvres de J. Racine, avec commentaires par Geoffroy. *Paris*, 1808. 7. vol. in-8. br.

159. Œuvres de Molière. *Londres* (*Cazin*), 1784. 7 vol in-18. v. éc. fil. tr. dor.

160. Théâtre de Regnard. *Londres* (*Cazin*), 1785. 4 vol. in-18. v. éc. fil. tr. dor.

161. Œuvres dramatiques de Néricault Destouches. *Paris*, 1774. 10 vol. p. in-12. v. m.

162. Œuvres de Crébillon. *Londres* (*Cazin*), 1785. 3. vol. in-18. v. éc. fil. tr. dor.

163. Théâtre de Marivaux. *Paris*, 1758. 3 vol. in-12. v. m.

164. Théâtre de Voltaire. *Londres* (*Cazin*). 1782. 10 vol. in-18. v. éc. fil. tr. dor.

165. Émilie, ou les Joueurs (par de Montesquiou Fezenzac). *Paris*, *Didot*, 1787. in-18. mar. v. fil. tr. dor. (*Tiré à 50 exemplaires.*)

166. Le Mariage de Figaro, par de Beaumarchais. *Paris*, 1785. = Le Barbier de Séville, par le même. *Ibid.* 1785. in-8. v. m.

167. Les Thermopyles, par d'Estaing. *Paris*, 1791. in-8. pap. vél. v. éc. fil. tr. dor.

168. Recueil de pièces de théâtre en 5 vol. in-8. d. rel., dont Fénélon, Henri VIII et C. Gracchus de Chenier, et Montmorency de Carion-Nisas.

169. 23 Vol. de la collection de Cazin, v. éc. fil. tr. dor., la plupart poëtes français, dont Fables de La Fontaine et Gresset.

170. 18 Vol. in-32 de la collection de Lyon, mar. r., v. et bas. rac. fil., aussi la plupart poëtes français, dont Malherbe, Chaulieu, J. B. Rousseau, Piron, Bernis, Saint-Lambert, etc.

171. L'Enfer, poëme du Dante, trad. nouvelle (par Rivarol.) *Paris*, 1783. in-8. d. rel.

172. Jérusalem délivrée, trad. du Tasse (par M. Lebrun). *Londres* (*Cazin*), 1780. 2 vol. in-18. v. éc. fil. tr. d.

173. Jérusalem délivrée du Tasse, en ital. et en fr., de la traduction de Framery. *Paris*, 1785. 5 vol. in-18. v. m.

173. *bis.* Roland le Furieux, poëme de l'Arioste, nouvelle traduction, avec le texte, par Panckouke et Framery. *Paris*, 1787. 10 vol. in-18. mar. r. fil. tr. dor., d. de tabis.

174. Opere di P. Metastasio. *Londra*, 1784. 12 vol. in-24. v. éc. fil. tr. d.

175. Il Trionfo della Chiesa, poema eroico. *Padova*, 1810. in-8. br.

176. La Araucana de D. Alonso de Ércilla. *Anvers*, 1597. 1 t. en 2 vol. in-24. v. b.

177. The Poetical Works of John Milton. *Edinburgh*, 1779. 4 vol. in-18. d. rel.

178. Milton's Paradise lost. *London*, 1799. gr. in-8. pap. vél. fig., mar. citr. dent. tr. dor. R. A.

179. The poetical Works of James Thompson. *Edinburgh*, 1780. 2 vol. in-18. mar. r. fil. tr. d.

180. Select Scotish Ballads. *London*, 1783. 2 vol. in-12. br. — Poems on various subjects, by Th. Tomkins. *London*, 1787. in-18. bas. rac.

181. Childe Harold's Pilgrimage, a romaunt, and other poems, by L. Byron. *Philadelphia*, 1812. in-18. br. en cart., pap. vél.

182. Poems on several occasions, by James Beattie. *Edinburgh*, 1776. in-18. v. j. fil. — Of Will. Shekspere : much ado about nothing. = Twelfth-Night or What you will. *London*, *Bell.*, 1785. in-18. pap. vél. v. j.

183. Shakspeare's dramatic Works, with explanatory notes and index, by S. Ayscough. *London*, 1790. 2 vol. gr. in-8. br. en cart.

184. Nuits d'Young, trad. de l'angl. par Letourneur. *Paris*, 1781. 2 vol. in-12. v. m. fil.

185. The Poems of Ossian, transl. by James Macpherson. *London*, 1796. 2 vol. in-8. pap. vél. v. rac. *R. A.*

186. Hudibras, Poëme de S. Butler, trad. en vers fr. avec des remarq. *Londres*, 1757. 3 vol. in-12. d. rel. fig.

187. The Argonautic expedition transl. from the greek of Apollonius Rhodius into english verse. *London*, 1780. 2 vol. in-8. v. m.

188. The Works of Horace, translat. literalty into english prose, by Smart. *Edinburgh*, 1806. 2 vol. in-18. pap. vél. v. rac. fil.

189. OEuvres complètes de Gessner. *s. d.* (*Cazin*), 3 vol. in-18. v. éc. fil. tr. dor.

190. Dictionnaire de la Fable, par M. Noël. *Paris*, 1803. 2 vol. in-8. bas. rac. fil.

191. Les Métamorphoses, ou l'Ane d'Or d'Apulée. *Châtillon-sur-Seine*, an 5. 2 vol. in-8. fig. br.

192. Corps d'Extraits de Romans de Chevalerie, par de Tressan

Paris, 1782. 4 vol. in-12. v. m. — Traduction libre d'Amadis de Gaule, par le même. *Paris*, 1779. 2 vol. in-12. d. rel.

193. Histoire du Chevalier du Soleil. *Paris*, 1780. 2 vol. in-12. v. m.

194. Œuvres de Mad. de La Fayette. *Paris*, 1786. 8 vol. p. in-12. v. f. fil. tr. dor.

195. Œuvres de Mad. de Tencin. *Paris*, 1786. 6 vol. p. in-12. mar. vert fil. tr. dor.

196. La Princesse de Clèves. *Londres*, 1782. 2 vol. in-18. — Les Liaisons dangereuses (par Choderlos de la Clos). *Genève*, 1782. 4 vol. in-18.; les 7 vol. v. éc. fil. tr. dor.

197. Œuvres complètes de Mad. Riccoboni. *Paris*, 1790. 8 vol. in-8. fig. d. rel.

198. Lettres d'une Péruvienne, par Mad. de Graffigny, en franç. et en ital. *Paris*, 1797. gr. in-8. pap. vél. fig. d. rel.

199. La Nouvelle Héloïse, par J. J. Rousseau. *Paris*, 1788. 4 vol. in-12. bas. m.

200. Delphine, par Mad. de Staël Holstein. *Paris*, 1803. 3 vol. in-12. d. rel.

201. Les Vœux téméraires, par Mad. de Genlis. *Hambourg*, 1799. 3 vol. in-12. d. rel.

202. Jeanne Royez ou la Bonne Mère, par son Fils. *Paris*, 1814. 3 tom. en 4 part. in-8. pap. vél. br.

203. Platone in Italia, traduzione dal greco da Vincenzo Cuoco. *Milano*, 1808. 3 vol. in 8. br.

204. Histoire de Don Quichotte. *Francfort*, 1750. 6 vol. p. in-12. bas. m. (Le tom. 1er manque).

205. Clarisse Harlowe, trad. de Richardson par Letourneur. *Genève*, 1788. 12 vol. in-12. fig. d. rel.

206. Histoire de Grandisson. *Londres*, (*Paris*, *Cazin*,) 1786. 7 vol. in-18. fig. v. éc. fil. tr. dor.

207. Stern's Tristram Shandy. *London*, *Cook*, 4 vol. in-18. bas. j., pap. vél.

208. Vie et Opinions de Tristram Shandy, trad. de l'angl. de Stern par Frénais. *Londres*, (*Cazin*,) 1784. 4 vol. in-18. v. éc. fil. tr. dor.

209. The History of Tom Jones, by Fielding. *London*, 1773. 4 vol. in-12. v. m. fil.

210. De Fielding: Aventures de Roderik Random, 4 vol. — Jonathan Wild le Grand, 2 vol. — Aventures de Jos. Andrews, 3 vol. — Julien l'Apostat, 1 vol. *Reims*, *Cazin*, 1784. Les 10 in-18. v. éc. fil. tr. dor.

211. History of Lady Julia Mandeville. *London*, 1773. 2 vol. in-12. v. j. fil.

212. The Romance of the Forest. *London*, 1791. 3 vol. in-12. dem. rel.

213. Cécilia, ou Mémoires d'une Héritière, trad. de l'angl. de

Miss Burney. *Paris*, 1784. 4 vol. p. in-12. bas. v. — **Evelina**, trad. de la même, 1784. 2 vol. p. in-12. bas. v.

214. Abderites, par Wieland, trad. par Labaume. *Paris*, 180: 3 vol. in-8. d. rel.

215. Werther, trad. de l'allem. *Basle*, 1801. 2 vol. in-18. d. r dos de mar. r., tr. dor.

216. Les Mille et une Nuits, trad. en franç. par Galland, co tinuées par M. Caussin de Perceval. *Paris*, 1806. 7 vol. in-1 br. en cart.

217. Athenæi Deipno-sophistarum libri, gr. et lat., ex Dalchar pii interpretatione. *Lugduni*, 1612. in-fol. v. br.

218. Banquet des Savans, par Athénée, trad. par Lefèvre Villebrune. *Paris*, 1789-1791. 5 vol. in-4. br. en cart.

219. Auli Gellii noctes atticæ, edente Ludovico Conradi. *Lipsia* 1762. 2 part. en 1 vol. in-8. br. en cart.

220. Les Nuits attiques d'Aulu-Gelle, trad. (par de Verteuil. *Paris*, 1789. 3 vol. in-12. d. rel.

221. De la Littérature, par Mad. de Staël-Holstein. *Paris*, an 2 vol. in-8. d. rel.

222. Soirées Littéraires, par Coupé. *Paris*, 1795 *et suiv.* 20 vo in-8. br. — Spicilége de Littérature ancienne et modern par le même. *Paris*, 1802. 2 vol. in-8. br.

223. Mélanges de Littérature, d'Histoire et de Philosophie, (p d'Alembert.) *Amst.*, 1770. 5 vol. in-12. bas. m.

224. Mélanges de Littérature et de Philosophie, par Ancillo *Paris*, 1809. 2 vol. in-8. br.

225. Mélanges Académiques, Poétiques, Littéraires, etc., pa Gaillard. *Paris*, 1806. 4 vol. in-8. d. rel.

226. Variétés morales et littéraires, par M. Suard, 4 vol. in-8. b

227. Leçons de Littérature et de Morale, par MM. Noël et d Laplace. *Paris*, 1804. 2 vol. in-8. d. rel.

228. Les mêmes. *Paris*, 1816. 2 vol. in-8. br.

229. Pensées de Balzac, avec observat., par M. Mersan. *Paris* 1807. in-12. br.

230. Du Sentiment, considéré dans ses rapports avec la lit térature et les arts, par Ballanche fils. *Lyon*, 1801. in-8 dem. rel.

231. Lettres de quelques Juifs portugais, allemands et polonais à Voltaire, (par l'abbé Guesnée.) *Paris*, 1805. 3 vol. in-12. bas. rac.

232. Le Rôdeur, trad. de l'angl. de Johnson, 4 vol. in-12. d. rel.

233. Vies des Hommes Illustres et OEuvres morales et mêlées de Plutarque, trad. de grec en franç. par Amyot. *Paris*, 1645. 4 vol. in-fol. v. br.

234. Vies des Hommes Illustres de Plutarque, trad. en fr., avec des remarques, par Dacier. *Paris*, 1778. 12 vol. in-12. v. m. — OEuvres du même, trad. en fr. par Ricard. *Paris*, 1783-1793. 17 vol. in-12. v. m.

235. Philostrati Lemnii opera, gr. et lat., ex interpret. et cum notis Morelli. *Parisiis*, 1608. in-fol. v. f.

236. Discours et Mémoires, (par Bailly.) *Paris*, 1790. 2 vol. in-8. d. rel.

237. OEuvres de Boulanger. *Paris*, *Bastien*, 1792. 8 vol. in-8. dem. rel.

238. Cours d'Etudes, par de Condillac. *Genève*, 1780. 12 vol. in-8. v. m.

239. OEuvres de Florian. *Paris*, 1788-1792. 8 vol. in-8. cart. à la Bradel.

240. OEuvres de Fontenelle. *Londres*, (*Cazin*), 1785. 7 vol. in-18. v. éc. fil. tr. dor.

241. OEuvres de La Harpe. *Paris*, 1778. 6 vol. in-8. v. f. fil. tr. d.

242. OEuvres choisies et posthumes de La Harpe. *Paris*, 1806. 4 vol. in-8. br.

243. Mémoires d'un Père pour servir à l'Instruction de ses Enfans, par Marmontel. *Paris*, 1804. 4 vol. in-12. d. rel.

244. De Mirabeau: Histoire secrète de la Cour de Berlin. Lettres de cachet et Lettres écrites à Sophie du donjon de Vincennes. 8 vol. in-8. d. rel. — Collection des travaux du même à l'Assemblée nationale, publiée par M. Mejan. *Paris*, 1791. 5 vol. in-8. d. rel.

245. OEuvres de Montesquieu. *Amsterd*, 1785. 7 vol.; et OEuvres posthumes du même. *Paris*, 1798. 1 vol.; les 8 vol. in-12. v. mar.

246. De J.-J. Rousseau : Dialogues, 2 vol.; Mélanges, 6 vol.; Pièces diverses, 4 vol.; Emile, ou de l'Education, 4 vol.; Nouvelle Héloïse, 9 vol. *Londres* (*Paris*, *Cazin*), 1781 et 1782. 25 vol. in-18. v. éc. fil. tr. dor.

247. OEuvres de Madame de Staal. *Paris*, 1783. 2 vol. in-12. v. mar.

248. OEuvres complètes de Vauvenargues. *Paris*, 1797. 2 vol. in-12. d. rel.

249. OEuvres complètes de Voltaire. *Kehl*, 1784. 92 vol. in-12. d. rel., pap. à l'étoile. (*Le* 1er *volume manque*).

250. Télémaque, OEuvres de J. Racine, et Discours sur l'Histoire universelle de Bossuet, de la collection dite du Dauphin. *Paris*, *Didot aîné*, 1784 et 1786. 7 vol. p. in-8. pap. vél. mar. r. fil. tr. d.

251. Lettres de Bussy Rabutin. *Paris*, 1720. 7 vol. in-12. v. br.

252. Recueil des Lettres de Madame de Sévigné à Madame de Grignan. *Paris*, 1763. 8 vol. p. in-12. v. mar. (*Le tome* 8 *manque*).

253. Letters of Milady Wortlay Montague. *London*, 1776. 2 vol. in-12. v. f.

HISTOIRE.

254. Strabonis res geographicæ, gr. et lat. *Genevæ*, 1587. in-fol. v, br. fil.

255. Géographie de Strabon, trad. du grec en lat., avec remarques, par Laporte du Theil. *Paris*, 1805 et 1809. 2 vol. in-4. br.

256. Pomponius Mela, trad. en fr. par Fradin. *Paris*, 1804. 3 vol. in-8. d. rel.

257. Géographie ancienne abrégée, par d'Anville. *Paris*, 1782. 3 vol. in-12. v. m., avec les cartes.

258. Géographie mathématique, physique et politique de toutes les parties du monde, par Mentelle et M. Maltebrun. *Paris*, 1803-1805. 16 vol. in-8. br. et atlas in-fol. br. en cart.

259. Précis de la géographie universelle, par M. Maltebrun. *Paris*, 1810. in-8. (*Tom.* 1 *et* 2 *br. et l'atlas* in-4. *br. en cart.*)

260. Dictionnaire géographique portatif, par Vosgien. *Paris*, 1784. p. in-8. v. m.

261. Il mappamondo di fra Mauro Camaldolese, descritto ed illustrato da Placido Zurla. *Venezia*, 1806. in-fol. fig. br.

262. Atlas portatif à l'usage des colléges, par l'ab. Grenet. 1781. in-4. vél. vert.

263. Histoire générale des voyages de Prevôt, abrégée et rédigée sur un nouveau plan, par de la Harpe. *Paris*, 1780-1786. 23 vol. in-8. fig. et atlas in-4. d. rel.

264. Ragguaglio del viaggio compendioso di un dilettante antiquario, sorpreso da Corsari. *Milano*, 1805. 2 part en 1 vol. in-8. br.

265. Voyage de H. Swinburne en Espagne, en 1775 et 1776, trad. de l'angl. *Paris*, 1787. gr. in-8. bas. éc.

266. Voyages dans les îles et possessions vénitiennes du Levant, par Grasset Saint-Sauveur. *Paris*, an 8. 3 vol. in-8 et atlas in-4. br.

267. Voyage en Islande (par Olafsen et Povelsen, trad. du danois) par Gauthier de la Peyronie. *Paris*, 1802. 3 vol. in-8 et atlas in-4. pap. vél. br.

268. L'Été du Nord, ou Voyage autour de la Baltique, par J. Carr, trad. de l'angl. par Bertin. *Paris*, 1808. 2 vol. in-8 fig. br.

269. Voyages faits principalement en Asie dans les XIIe, XIIIe XIVe et XVe siècles, publ. par Bergeron. *La Haye*, 1735 2 part. en 1 vol. in-4. fig. d. rel.

270. Relation d'un Voyage du Levant fait par ordre du Roi, par Pitton de Tournefort. *Lyon*, 1717. 3 vol. in-8 fig. v. br.

271. Voyage d'Italie, de Dalmatie, de Grèce et du Levant, par Spon et G. Wheler. *Lyon*, 1678. 3 vol. in-12. fig. d. rel.

272. Voyage littéraire de la Grèce, par Guys. *Paris*, 1783. 4 vol. in-8. v. éc.

273. Lettres sur la Grèce, par Savary. *Paris*, 1792. in-8. br.— Voyage de Stephanopoli en Grèce. *Paris*, an 8. 2 vol. in-8. br.

274. A journey through the Crimea to Constantinople, by Lady Craven. *Dublin*, 1779. in-8. br.

275. Voyage de Paul Lucas dans la Grèce, l'Asie Mineure, la Macédoine et l'Afrique. *Paris*, 1712. 2 vol. in-12. fig. rel. en cart.

276. Voyages dans l'Asie Mineure et en Grèce, par Chandler, trad. de l'angl. avec notes, par Servois et Barbier du Bocage. *Paris*, 1806. 3 vol. in-8. br.

277. Itinerarium hierosolymi tanum et syriacum, auctore J. Cotovico. *Antuerpiæ*, 16.9. in-4. fig. v. br.

278. Peregrination spirituelle vers la Terre sainte, composée en langue thyoise, par Fr. J. Pascha, et nouvellement translatée par Ven. Seig. Nicolas de Leuze dict de Fraxinés. *Lovain*, 1566. in-4. v. br.

279. Voyages dans l'île de Chypre, la Syrie et la Palestine, par Mariti, trad. de l'ital. *Paris*, 1791. 2 vol. in-12. v. m.

280. Voyage d'Egypte et de Nubie, par Norden, avec notes par M. Langlès. *Paris*, 1795-1798. 3 vol. de discours et 3 vol. de pl. et cartes, les 6 vol. in-4. pap. vél. br. en cart.

281. Nouveau Voyage dans la haute et basse Egypte, la Syrie, etc., par Brown, trad. de l'angl. par Castéra. *Paris*, 1800. 2 vol. in-8. fig. br.

282. Voyage de Hornemann dans l'Afrique septentrionale, trad. de l'angl. *Paris*, 1803. 2 vol. in-8. pap. vél., cart. à la Bradel.

283. Voyage de Shaw en Barbarie et au Levant, trad. de l'angl. *La Haye*, 1743. 2 vol. in-4. fig. v. m.

284. Voyaye dans l'Indostan, par Perrin. *Paris*, 1807. 2 vol. in-8. br.

285. Lettres édifiantes et curieuses écrites des Missions étrangères, publiées par Querbeuf. *Paris*, 1782-1783. 26 vol. in-12. fig. v. j. fil.

286. Voyage de Lewis et Clarke dans l'Océan pacifique, trad. de l'angl. de Gass, par Lallemant. *Paris*, 1810. in-8. br. — Voyage dans les quatre parties de l'Amérique septentrionale, trad. de W. Bartram, par P. V. Benoist. *Paris*, an 9. 2 vol. in 8. d. rel.

287. Travels through the interior parts of nort America, by Carver. *London*, 1779. in-8. d. rel. non rog.

288. Voyages de Mackenzie dans l'intérieur de l'Amérique septentrionale, en 1789, 92 et 93, trad. en fr. avec notes, par Castera. *Paris*, 1802. 3 vol. in-8. d. rel.

289. Voyage dans la Haute-Pensylvanie et dans l'état de New-Yorck, trad. de l'angl. *Paris*, 1801. 3 vol. in-8. cart. à la Bradel.

290. Historiæ ecclesiasticæ scriptores græci, gr. et lat., curâ H. Valesii. *Lugd. Batav.* 1695. 3 vol. in-fol. d. rel. non rogné.

291. Histoire de l'Eglise, trad. du grec d'Eusèbe, Socrate, Sozomene, etc., par Cousin. (*Hollande*), 1686. 5 vol. p. in-8. vél.

292. Histoire des Papes jusqu'à Benoît XIII (par de Brueis). *La Haye*, 1752. 5. vol. in-4. v. m.

293. Essai sur l'esprit et l'influence de la réformation de Luther, par Ch. Villers. 1804. in-8. d. rel. — Esquisse de l'Histoire de l'Eglise jusqu'à la réformation, par Ch. Villers. 1804. = Essais sur l'Histoire de la révolution française, par une société d'auteurs latins. *Paris*, an 9. = De la Philosophie moderne, par Rivarol. in-8. d. rel.

294. Explication des Cérémonies de la Fête Dieu d'Aix en Provence. *Aix*, 1777. in-12. fig. mar. r. fil. tr. d.

295. Ordres Monastiques, par Musson. *Berlin*, 1751. 6 tom. en 3 vol. in-12. v. m.

296. Histoire du Clergé séculier et régulier, tirée de Bonani et autres. *Amst.*, 1716. 4 vol. p. in-8. fig. v. br.

297. Monumens historiques, relatifs à la Condamnation des Chevaliers du Temple, par M. Raynouard. *Paris*, 1813. in-8. br.

298. Acta primorum Martyrum, sincera et selecta, operâ Th. Ruinart. *Parisiis*, 1689. in-4. mar. r. fil. tr. dor.

299. Véritables Actes des Martyrs, recueillis par Th. Ruinart, et trad. en fr. par Drouet de Maupertuy. *Paris*, 1756. 2 vol. in-12. v. m.

300. Vie de Marie de l'Incarnation, par M. Boucher. *Paris*, 1800. in-8. d. rel.

301. Histoire ancienne des Egyptiens, des Carthaginois, etc., par Rollin. *Paris*, 1764. 13 tom. en 14 vol. in-12. v. m.

302. Herodotus Halicarnasseus, gr. et lat. *Parisiis*, *Henricus Stephanus*, 1592. in-fol. parch.

303. Histoire d'Hérodote, trad. du grec par Larcher. *Paris*, 1802. 9 vol. in-8. d. rel.

304. Diodorus Siculus, gr. et lat. *Hanoviæ*, 1604. in-fol. v. f. fil.

305. Histoire universelle de Diodore de Sicile, trad. en franç. par Terrasson. *Paris*, 1737-1744. 7 vol. in-12. v. rac. fil. tr. d.

306. Justini Historiæ Philippicæ, cum versione anglicâ ad verbum factâ, à Joa. Clarke. *Londini*, 1780. in-8. bas.

307. Histoire universelle de Justin, trad. par Paul. *Paris*, 1805. 2 vol. in-12. bas. m.

308. Histoire des Conjurations, Conspirations et Révolutions célèbres, anciennes et modernes, par Duport-Dutertre et Désormeaux. *Paris*, 1760. 10 vol. in-12. v. m.

309. Histoire des Juifs, trad. de Flav. Joseph, par Arnauld d'Andilly. *Amst.*, 1681. in-fol. gr. pap. fig. v. br.

310. Pausanias, trad. du grec en franç., par Gédoyn. *Paris*, 1797. 4 vol. in-8. br.

311. Voyage du Jeune Anacharsis en Grèce, par Barthelemy. *Paris*, 1789. 7 vol. in-8. et atlas in-4. v. m. fil.

312. Le même. *Paris*, 1790. 7 vol. in-8. et atlas in-4. br.

313. Histoire de Thucydide, trad. du grec par Levesque. *Paris*, 1795. 4 vol. in-8. v. rac. fil.

314. Xenophontis Opera, gr. et lat., edente J. Leunclavio. *Francof.*, 1596. in-fol. v. f.

315. La Cyropédie, trad. du grec de Xénophon par Dacier. *Paris*, 1777. 2 vol. in-12. v. m. — Expédition de Cyrus, ou Retraite des Dix-mille, trad. de Xénophon par Larcher. *Paris*, 1778. 2 vol. in-12. bas. m.

316. Histoire des Expéditions d'Alexandre, trad. du grec d'Arrien par Chaussard. *Paris*, 1802. 3 vol. in-8. bas. porph. fil. et atlas in-4. d. rel.

317. Voyage de Néarque des Bouches de l'Indus jusqu'à l'Euphrate, trad. de l'angl. de W. Vincent par Billecocq. *Paris*, an 8. in-4. fig. br. en cart.

318. Histoire Romaine, depuis la fondation de Rome jusqu'à la bataille d'Actium, par Rollin et Crevier. *Paris*, 1754. 16 vol. in-12. v. m.

319. Dyonisius Halicarnasseus, gr. et lat. *Francof.*, 1586. in-fol. vél.

320. Antiquités Romaines de Denys d'Halycarnasse, trad. en fr. par Bellanger. *Paris*, 1807. 6 vol. in-8. br.

321. Titi Livii Patavini historiæ, ex recensione et cum notis Crevier. *Parisiis*, 1785. 6 vol. in-12. bas. m.

322. Décades de Tite-Live, trad. par Blaise de Vigenere. *Paris*, 1617. 2 vol. in-fol. fig. mar. r. fil. tr. dor.

323. Histoire Romaine de Tite-Live, trad. en fr. par Guérin. *La Haye*, 1740. 10 vol. in-12. v. fil. tr. d.

324. Abrégé de l'Histoire Romaine de Florus, trad. avec notes par Paul. *Paris*, an 3. in-12. bas. m. — Abrégé de l'Histoire Grecque et Romaine, trad. du latin de Velleius Paterculus, par Paul. *Paris*, 1785. in-12. bas. m. — Salluste, trad. par Mollevaut. *Paris*, 1810. in-12. br.

325. Histoire de Polybe, trad. du grec par D. Thuilier, avec Comment. de Folard. *Paris*, 1727. 6 vol. in-4. v. m.

326. Commentaires de César, trad. par Varney. *Paris*, 1810. 2 vol. in-8. br.

327. Histoire Romaine de Xiphilin, Zonare et Zozime, trad. en grec par Cousin. (*Hollande*), 1685. 2 vol. p. in-8. v. br.

328. Dionis Cassii Historia Romana, gr. et lat. *Hanoviæ*, 1606. in-fol. rel. en peau.

329. Taciti opera et Velleius Paterculus, cum notis Justi Lipsii. *Antuerpiæ*, 1648. in-fol. v. br. fil.

330. Tacite, nouvelle traduction par Dureau de la Malle. *Paris*, 1790. 3 vol. in-8. d. rel.

331. Les Douze Césars, trad. du lat. de Suétone, avec des notes, par La Harpe. *Paris*, 1805. 2 vol. in-8. fig. br.

332. Ecrivains de l'Histoire d'Auguste, trad. en fr. par de Moulines. *Paris*, 1806. 3. vol. in-12. br.

333. Histoire des Révolutions de la République romaine, par de Vertot. *Paris*, 1786. 3 vol. in-12. bas. m. — Essai sur les Règnes de Claude et de Néron, et sur les Mœurs et les Ecrits de Sénèque (par Diderot). *Londres*, 1782. 2 vol. in-12. v. m.

334. Marcus Flaminius, or a View of the Life of the Romans, by E. Cornelia Knight. *London*, 1792. 2 vol. in-8. pap. vél. dem. rel.

335. Histoire des Empereurs romains, depuis Auguste jusqu'à Constantin, par Crevier. *Paris*, 1763-1766. 12 vol. in-12. bas. rac. fil.

336. Histoire d'Hérodien, trad. du grec en fr. avec des remarq., par Mongault. *Paris*, 1745. in-12. v. m.

337. Histoire de Constantinople, depuis le règne de Justin jusqu'à la fin de l'Empire, trad. du grec par Cousin. (*Hollande*), 1685. 8 vol. en 10 tom. in-12. v. br.

338. Notitia Dignitatum imperii Romani, ex novâ recensione Ph. Labbe. *Parisiis*, *T. R.*, 1651. p. in-12. v. br.

339. Roma Subterranea novissima, operâ et studio Pauli Aringhi. *Romæ*, 1651. 2 vol. in-fol. fig. v. br.

340. Bongars, Gesta Dei per Francos. *Hanoviæ*, 1611. 2 vol. in-fol. v. br. (deest tomi posterioris titulus).

341. Histoire des Croisades, par le P. Maimbourg. *Paris*, 1677. 4 vol. p. in-12. v. m.

342. Histoire des premiers peuples libres qui ont habité la France, par M. Laveaux. *Paris*, 1798. 3 vol. in-8. br.

343. Louis XVI détrôné avant d'être roi, par l'ab. Proyart. *Paris*, 1803. in-8. d. rel.

344. Histoire impartiale du procès de Louis XVI, par Jauffret. *Paris*, 1792. 8 vol. in-8. d. rel.

345. Histoire du procès de Louis XVI, par M. Mejan. *Paris*, 1814. 2 vol. in-8. br.

346. Recueil des opinions de M. de Stanislas de Clermont-Tonnerre. *Paris*, 1791. 4 vol. in-8. d. rel.

347. Mémoires pour servir à l'histoire de la guerre de la Vendée, par Turreau. *Evreux*, *s. d.* in-8. rel. en cart.

348. Histoire de la campagne de 1814 et de la restauration, par M. Alph. de Beauchamp. *Paris*, 1815. 2 vol. in-8. br.

349. Histoire de la session de 1815, par M. Fiévée. *Paris*, 1816. in-8. br.

350. Extraits de quelques écrits de l'auteur des Mémoires pour

servir à l'Histoire de la persécution française. 1814. 2 vol. in-8. d. rel.

351. Le Spectateur français au XIXe siècle. *Paris*, 1805 à 1809, 6 années en 6 vol. in-8. br.

352. Nouvelle Histoire de Normandie. *Versailles*, 1814. in-8. br.

353. Histoire du canal de Languedoc. *Paris*, 1805. in-8. d. rel.

354. Traité de la Noblesse, par de la Roque. *Rouen*, 1761. in-4. v. m.

355. Lettres de W. Coxe sur l'état de la Suisse, trad. de l'angl. par M. Ramond. *Lausanne*, 1782. 2 vol. in-8. v. m.

356. Tableau de l'Espagne moderne, par M. Bourgoing. *Paris*, 1803. 3 vol. in-8. cart. à la Bradel, et atlas in-4. br.

357. The History of reign of the emp. Charles V, by W. Robertson. *Basil.* 1793. 4 vol. in-8. v. rac.

358. Histoire du règne de Charles V, par Robertson, trad. de l'angl. (par M. Suard). *Paris*, 1771. 6 vol. in-12. v. m.

359. The History of England, by D. Hume. *London*, 1763. 7 vol. in-8. v. j. fil.

360. An Hystory of England in a series of letters, from the nobleman to his son. *London*, 1780. 2 vol. in-12. v. porph. fil.

361. The History of the rebellion and civil wars in England, by Edward Earl of Clarendon. *Oxford*, 1705 et 1706. 3 tom. en 6 part. in-8. v. f.

362. De l'Angleterre, par M. Rubichon. *Paris*, 1815. in-8. br.

363 Constitution de l'Anglererre (par De Lolme). *Amst.* 1771. in-8. d. rel.

364. History of Scotland, by W. Robertson. *London*, 1781. 2 vol. in-8. v. j.

365. Histoire d'Ecosse sous Marie Stuart et Jacques VI, par Robertson, trad. de l'angl. *Londres*, 1772. 4 vol. in-12. v. m.

366. Mémoires secrets sur la Russie (par Masson). *Paris*, 1804. 4 vol. in-8. br. en cart.

367. Abrégé chronologique de l'Histoire ottomane, par de la Croix. *Paris*, 1768. 2 vol. p. in-8. bas. rac.

368. Recherches philosophiques sur les Grecs, les Egyptiens et les Américains, por Paw. *Berlin*, 1788, 1773 et 1770. 7 vol. p. in-8. d. rel.

369. Breve descripcion de la ciudad de Jerusalem y lugares circunvecinos, traducida de lo latin de Chr. Adricomio Delpho al Castellano, por Vicente Gomez. *Madrid*, 1799. p. in-8. fig. bas. rac.

370. Histoire chevaleresque des Maures de Grenade, par Sané. *Paris*, 1809. 2 vol. in-8. br.

371 Description des îles de l'Archipel et autres adjacentes, trad. du flam. de Dapper. *Amst.*, 1703. in-fol. fig. v. mar.

372. Histoire philosophique et politique des Établissemens et du commerce des Européens dans les Indes (par Raynal). *La Haye*, 1774. 7 vol. in-8. pap. fort, v. m. fil.

373. Recherches pour servir à l'Histoire de la Piraterie, par Azuni. *Gênes*, 1816. in-8. pap. vél. bas. rac. fil.

374. Histoire générale des Antilles, par Dutertre. *Paris*, 1657. 3 vol. p. in-4. fig. rel. en cart.

375. The History of America, by W. Robertson. *London*, 1803. 4 vol. in-8. d. rel.

376. Histoire du Paraguay, par le P. de Charlevoix. *Paris*, 1756. 6 vol. in-12. fig. v. m.

377. Histoire et Description générale de la Nouvelle-France, par Charlevoix. *Paris*, 1744. 3 vol. in-4. fig. v. j.

377 *bis*. Histoire et Description générale de la Nouvelle-France, par le P. de Charlevoix. *Paris*, 1744. 6 vol. in-12. fig. v. f.

378. The opportunity, or reasons for an immediate alliance with S. Domingo. *London*, 1804. in-8. pap. vél. br.

379. Bibliothèque universelle des Voyages, par Boucher de la Richarderie. *Paris*, 1808. 6 vol. in-8. br.

380. Journal littéraire de Lausanne (janvier 1794 à juillet 1798). 10 vol. in-8. d. rel.

381. Reports of the british and foreign bible society, with extracts of correspondence, for 1805 to 1814 inclusive. *London*. 3 v. in-8. pap. vél. br. en cart. et br. — Summary account of the proceedings of the same society. *London*, 1813. in-8. pap. vél. br.

382. Nouveau Dictionnaire Historique (par D. Chaudon). *Caen*, 1786. 8 vol. in-8. v. m.

383. Nouveau Dictionnaire Historique, par Chaudon et Delandine. *Lyon*, 1804. 13 vol. in-8. bas. j.

384. Vies des plus illustres Philosophes de l'antiquité, par Diogène Laerce, trad. du grec. *Amst.*, 1761. 3 v. p. in-8. v. br.

385. Vies des Hommes Illustres, trad. du grec de Plutarque, par Amyot. *Genève*, 1583. in-fol. v. f.

386. Vie d'Apollonius de Tyane, par Philostrate, avec les Commentaires de Blount, trad en franç. *Amst.*, 1779. 4 vol. in-12. d. rel.

387. Histoire de Cicéron, tirée de ses écrits, par Middleton, trad. de l'angl. par Prevost. *Paris*, 1743. 4 vol. in-12. v. j.

388. Vies des Dames galantes, par Brantome. *Leyde*, 1699. 2 vol. p. in-12. v. f.

389. Histoire de la Vie et des Ouvrages de Fénélon. *Amst.*, 1729. in-12. v. m. fil.

390. Histoire de Fénélon, par M. de Bausset. *Paris*, 1808. 3 vol. in-8. br.

391. The life of Edward Earl of Clarendon, with the continuation. *Oxford*, 1759. 3 v. in-8. v. m.

---

392. Histoire critique de l'Etablissement de la Monarchie françoise dans les Gaules, par Dubos. *Paris*, 1742. 4 vol. in-12. v. m.

593. Vrais Principes de la Versification, ou Examen comparatif des Langues française et italienne, par Scoppa. *Paris*, 1812. 2 vol. in-8. br.

594. L'Iliade d'Homère, traduction nouvelle, par M. Dugas-Montbel. *Paris*, 1815. 2 vol. in-8. br.

595. Almageste de Ptolémée, en gr., avec traduction fr., par M. Halma, et notes par M. Delambre. *Paris*, 1813 et 1815. 2 v. in-4. br.

596. Friderici Wilken auctuarium ad chrestomathiam suam persicam. *Lipsiæ*, 1805. in-8. cart. à la Bradel.

597. Dictionnaire chinois, françois et latin, par M. de Guignes. *Paris*, 1813. gr. in-fol. br.

598. Un Firman turc, sur papier de soie, de 4 pieds de long sur 16 pouces de large, venant de la bibliothèque de l'abbé Guenée.

FIN.

ORDRE DES VACATIONS.

Ire *Vacation.* — *Lundi* 28 *Avril* 1817.

Les Nos 157 — 210.
107 — 156.

IIe *Vacation.* — *Mardi* 29.

Les Nos 47 *bis.* — 106.
211 — 253.

IIIe *Vacation.* — *Mercredi* 30.

Les Nos 264 — 354.
254 — 263.

IVe *et dernière Vacation.* — *Jeudi* 1er *Mai.*

Les Nos 355 — 398.
1 — 47.

Il sera vendu au commencement, et dans le cours de chaque Vacation, beaucoup de Livres qui ne sont pas portés sur la Notice.

De l'Imprimerie de FEUGUERAY, rue du cloître Saint-Benoît, n° 4, près celle des Mathurins.

www.ingramcontent.com/pod-product-compliance
Lightning Source LLC
LaVergne TN
LVHW052025160826
845678LV00003B/1207

* 9 7 8 2 3 2 9 6 3 0 8 3 0 *